edition taberna kritika

Giorgio Caproni
Il seme del piangere
Die Saat des Weinens

http://www.etkbooks.com/

Gestaltung: etkbooks, Bern
Coverzeichnung, Zeichnungen: Sabine Jansen
Printed in Europe

Bibliografische Information der Deutschen Nationalbibliothek: Die Deutsche Nationalbibliothek verzeichnet diese Publikation in der Deutschen Nationalbibliografie; detaillierte bibliografische Daten sind im Internet über http://www.dnb.de abrufbar.

ISBN: 978-3-905846-40-9

Giorgio Caproni

Il seme del piangere

Die Saat des Weinens

Zweisprachige Ausgabe
Aus dem Italienischen übersetzt und mit
einem Nachwort versehen von
Stefan Ruess

edition taberna kritika

Il seme del piangere
Die Saat des Weinens

Il seme del piangere
(1950 – 1958)

… udendo le sirene sie più forte,
pon giù il seme del piangere ed ascolta …
(Dante, *Purgatorio*, XXXI, 45-46)

Die Saat des Weinens
(1950 – 1958)

… wenn du die Sirenen hörst, sei stärker,
leg ab die Saat des Weinens und höre …
(Dante, *Fegefeuer*, XXXI, 45-46)

Perch'io …

… perch'io, che nella notte abito solo,
anch'io, di notte, strusciando un cerino
sul muro, accendo cauto una candela
bianca nella mia mente – apro una vela
timida nella tenebra, e il pennino
strusciando che mi scricchiola, anch'io scrivo
e riscrivo in silenzio e a lungo il pianto
che mi bagna la mente …

Weil ich …

… weil ich, der ich in der Nacht alleine wohne,
auch ich, nächtens, ein Streichholz an der Mauer
reibend, vorsichtig in meinem Geist
eine weiße Kerze entzünde – setze ich ein
schüchternes Segel in der Finsternis, und die
Feder reibend, die mir knarzt, schreibe auch ich
und schreibe weiter wortlos und langhin die Klage,
die den Geist mir tränkt …

Versi livornesi

a mia madre, Anna Picchi

Livorneser Gedichte

meiner Mutter, Anna Picchi

Preghiera

Anima mia, leggera
va' a Livorno, ti prego.
E con la tua candela
timida, di nottetempo
fa' un giro; e, se n'hai il tempo,
perlustra e scruta, e scrivi
se per caso Anna Picchi
è ancor viva tra i vivi.

Proprio quest'oggi torno,
deluso, da Livorno.
Ma tu, tanto più netta
di me, la camicetta
ricorderai, e il rubino
di sangue, sul serpentino
d'oro che lei portava
sul petto, dove s'appannava.

Anima mia, sii brava
e va' in cerca di lei.
Tu sai cosa darei
se la incontrassi per strada.

Bitte

Meine Seele, leichtfüßig
geh‘ nach Livorno, ich bitt‘ dich.
Und mit deiner Kerze
schüchtern, zur Nachtzeit,
dreh‘ eine Runde; und, wenn du Zeit
hast, erkunde und forsche und schreibe,
ob vielleicht Anna Picchi lebendig
noch unter den Lebenden weile.

Eben heut kehr ich heim, so
enttäuscht, aus Livorno.
Doch du, so viel reiner
als ich, die Bluse, die feine,
wirst du erinnern und den Rubin,
blutrot, auf der goldenen
Schlange, die sie trug
auf der Brust, wo er beschlug.

Meine Seele, sei artig
und auf die Suche mach dich.
Du weißt, was ich gäbe,
wenn ich sie träfe auf ihrem Wege.

L’uscita mattutina

Come scendeva fina
e giovane le scale Annina!
Mordendosi la catenina
d’oro, usciva via
lasciando nel buio una scia
di cipria, che non finiva.

L’ora era di mattina
presto, ancora albina.
Ma come s’illuminava
la strada dove lei passava!

Tutto Cors’Amedeo,
sentendola, si destava.
Ne conosceva il neo
sul labbro, e sottile
la nuca e l’andatura
ilare – la cintura
stretta, che acre e gentile
(Annina si voltava)
all’opera stimolava.

Andava in alba e in trina
pari a un’operaia regina.
Andava col volto franco
(ma cauto, e vergine, il fianco)
e tutta di lei risuonava
al suo tacchettio la contrada.

Der Morgenausgang

Wie zart und wie jung
nahm Annina die Stufen mit Schwung!
Kauend am goldenen Kettchen
hinunter das Treppchen
hinaus aus dem Haus
hinterlassend im Dunkel eine Wolke
von Puder, die nicht verflog.

Es war früh am Tage
der Morgen noch vage.
Doch wie erleuchteten sich
die Straßen, die sie durchstrich!

Der ganze Corso Amedeo,
vernahm sie, erwachte.
Erkannte sie am Mal
an der Lippe und am schmalen
Nacken und am fröhlichen
Gang – die Taille geschnürt,
die scharf und freundlich
(Annina, sie wandt sich)
zur Arbeit anschürt.

Sie ging in Dämmer und Spitze dahin
gleich einer fürstlichen Arbeiterin.
Sie ging die freie Miene zu lüften
(doch achtsam, und keusch, ihre Hüften)
und ganz von ihr wiederflirrte
von ihrem Gestöckel das Viertel.

Né ombra né sospetto

E allora chi avrebbe detto
ch'era già minacciata?
Stringendosi nello scialletto
scarlatto, ventilata
passava odorando di mare
nel fresco suo sgonnellare.

Livorno le si apriva
tutta, vezzeggiativa:
Livorno, tutta invenzione
nel sussurrare il suo nome.

Prendeva a passo svelto,
dritta, per la Via Palestro,
e chi di lei più viva,
allora, in tant'aria nativa?

Livorno popolare
correva con lei a lavorare.
Né ombra né sospetto
era allora nel petto.

Weder Schatten noch Verdacht

Und damals, wer hätte gesagt,
dass es schon an ihr nagt?
Ins scharlachrote Tüchlein
sich wickelnd, luftig und fein,
lief sie vorüber, nach Meere duftend,
in ihrer Unschuld die Röcke lupfend.

Livorno öffnete sich
ganz sanft ihr und zärtlich:
Livorno, will sich neu erfinden,
flüsternd ihren Namen künden.

Sie schritt mit leichtem Gang
die Via Palestro entlang,
und gab es damals lebendigeren Duft
als ihren in der Heimatstadt Luft?

Livorno zu dieser Zeit
macht sich mit ihr zur Arbeit bereit.
Weder Schatten noch Verdacht,
war damals in ihrer Brust erwacht.

Battendo a macchina

Mia mano, fatti piuma:
fatti vela; e leggera
muovendoti sulla tastiera,
sii cauta. E bada, prima
di fermare la rima,
che stai scrivendo d'una
che fu viva e fu vera.

Tu sai che la mia preghiera
è schietta, e che l'errore
è pronto a stornare il cuore.
Sii arguta e attenta: pia.
Sii magra e sii poesia
se vuoi essere vita.
E se non vuoi tradita
la sua semplice gloria,
sii fine e popolare
come fu lei – sii ardita
e trepida, tutta storia
gentile, senza ambizione.

Allora sul Voltone,
ventilata in un maggio
di barche, se paziente
chissà che, con la gente,
non prenda aire e coraggio
anche tu, al suo passaggio.

Auf der Maschine tippend

Meine Hand, sei Feder:
Sei Segel; und bewege
dich leicht auf der Tastatur,
sieh dich vor. Und denk' nur,
eh' du den Reim schließt, daran,
dass du schreibst über eine,
die lebendig und echt war wie keine.

Du weißt, dass mein Bitte
schlicht ist, und dass der Irrtum
bereitsteht, das Herz umzuwenden.
Sei geistvoll und wachsam: barmherzig.
Sei schlank und sei Dichtung,
wenn du lebensvoll sein willst.
Und wenn du ihren einfachen Ruhm
nicht verraten möchtest im Tun,
sei fein und volksnah
wie sie es gewesen – sei kühn
und sei furchtsam, vollkommen freundlich
im Wesen, ohne Geltungssucht, schlicht.

Damals auf der Piazza Voltone,
luftig im Mai der Boote,
wer weiß, ob nicht auch du
mit den Leuten geduldig, hierzu
Antrieb schöpftest und Mut
auch du, an ihrer Lebensglut.

Quando passava

Livorno, quando lei passava,
d'aria e di barche odorava.
Che voglia di lavorare
nasceva, al suo ancheggiare!

Sull'uscio dello Sbolci,
un giovane dagli occhi rossi
restava col bicchiere
in mano, smesso di bere.

Wenn sie vorbeiging

In Livorno, wenn sie vorbeiging,
von Luft und Booten ein Duft hing.
Wie erwachte der Tatendrang,
wenn sie ihre Hüften schwang.

In der Türe zur Taverne,
ein Jüngling mit roten Augen
mit der Hand am Glas erstarrte
und ohne zu trinken verharrte.

Sulla strada di Lucca

Com'erano alberati
e freschi i suoi pensieri!

Dischiusa la camicetta,
volava, in bicicletta.

Spariva, la bocca commossa,
nel vento della sua rincorsa.

Auf der Straße nach Lucca

Wie waren von Bäumen umstanden
und frisch ihre Gedanken!

Halb offen die Bluse,
flog sie dahin, auf dem Rad.

Entschwand, bewegten Munds,
im Winde ihres Schwungs.

La gente se l’additava

Non c'era in tutta Livorno
un'altra di lei più brava
in bianco, o in orlo a giorno.
La gente se l'additava
vedendola, e se si voltava
anche lei a salutare,
il petto le si gonfiava
timido, e le si riabbassava,
quieto nel suo tumultuare
come il sospiro del mare.

Era una personcina schietta
e un poco fiera (un poco
magra), ma dolce e viva
nei suoi slanci; e priva
com'era di vanagloria
ma non di puntiglio, andava
per la maggiore a Livorno
come vorrei che intorno
andassi tu, canzonetta:

che sembri scritta per gioco,
e lo sei piangendo: e con fuoco.

Die Leute zeigten auf sie

Es gab in ganz Livorno keine
besser als sie nicht eine
in schlafloser Nacht oder am Rande des Tags.
Die Leute zeigten auf sie,
sie erblickend, und wenn auch sie sich wandte
und Grüße versandte
schwoll ihr schüchtern
die Brust, und fiel wieder ein,
still in ihrer Aufruhr Weh,
wie das Seufzen der See.

Sie war ein echtes Persönchen
und ein wenig stolz (ein wenig
mager), aber süß und lebendig
in ihren Volten sehr wendig
frei von Eitelkeit war sie
doch nicht von Eigensinn, so ging sie
zum Rio Maggiore in Livorno
wie ich wünschte, dass du so
mit ihr umhergingest, kleines Lied:

dass du scheinst geschrieben zum Spiel,
und bist es mit Tränen: und Feuer viel.

La ricamatrice

Com'era acuto l'ago
e agile e fine l'estro!
Raccolta entro quel vago
bianco odore di fresco
lino, oh il ricamare
abile come la spuma
trasparente del mare.

Nel sole era il cantare,
candido, d'un canarino.
Vedevi il capo chino
(e acre) strappare
coi denti la gugliata
nuova, per ricominciare.

Livorno tutta intorno
com'era ventilata!
Come sapeva di mare
sapendo il suo lavorare!

Die Stickerin

Wie spitz war die Nadel
und flink und fein der Stich!
Versammelt in diesem vagen
weißen Duft von Linnen so frisch.
Oh dieses Sticken
kunstvoll wie der transparente
Schaum vom Meeresrücken.

In der Sonne war das Singen,
rein, eines Kanari.
Du sahst das geneigte Haupt
(und beißend), zerreißen mit
den Zähnen den frischen Faden,
um neu zu beginnen.

Ganz Livorno umher
wie war es so luftig
wie roch es nach Meer
ihrer Arbeit gewärtig!

La stanza

La stanza dove lavorava
tutta di porto odorava.
Che bianche e vive folate
v'entravano, di vele alzate!

Prendeva di rimorchiatore,
battendole in petto, il cuore.
Prendeva d'aperto e di vita,
il lino, tra le sue dita.

Ragazzi in pantaloni corti,
e magri, lungo i Fossi,
aizzandosi per nome
giocavano, a pallone.

(Annina li guardava
di sottecchi, e come
– di voglia – accelerava
l'ago, che luccicava!)

Das Zimmer

Das Zimmer, worin sie wirkt,
duftet nach Hafenbezirk.
Welch lebendig weiße Windesfetzen
wehen herein, die Segel zu setzen!

Sie nahm als Schleppschiff,
was ihr in der Brust schlug, das Herz.
Sie nahm aus Fülle und Leben
das Linnen zwischen die Finger.

Knaben in kurzen Hosen,
mager, entlang der Gräben,
einander Schimpfnamen geben,
schossen mit Bällen auf Dosen.

(Annina beobachtete sie
verstohlen, und als sie
– mit Lust – die Nadel flinker
ließ laufen, welch ein Geblinker!)

Barbaglio

La notte, lungo i Fossi,
quanti cocomeri rossi.

Nel fresco fuoco vivo
di voci, a rime baciate
suonano le risate
di tre ragazze, sbracciate.

Annina Elettra e Ada
profumano la strada.
Le guardano, in mezze maniche,
i giovani, e tra carrette cariche
d' acetilene e frescura,
ahi quanto a lungo dura
(mentre alla prima svolta
Annina, ma prima si volta,
scompare) la figura
acuta nel loro petto
che grida, per dispetto.

Blendung

Die Nacht, entlang des Fossone
so viel rote Wassermelone.

Im frischen Feuer lebhafter
Stimmen, sich paarender Reime
Lacher erklingen
dreier Mädchen, mit entblößten Armen.

Annina, Elettra und Ada
parfümieren la strada.
Verfolgt von burschikosen
Blicken aus Hemden, ärmellosen,
und zwischen Karren mit Karbid und Kühle
beladen, ach wie lange verbleibt
(während an der ersten Kehre
Annina sich erst dreht ins Leere,
dann verschwindet) die Gestalt,
brennend in der Burschen Brust,
bös schreiend aus Frust.

Per lei

Per lei voglio rime chiare,
usuali: in -are.
Rime magari vietate,
ma aperte: ventilate.
Rime coi suoni fini
(di mare) dei suoi orecchini.
O che abbiano, coralline,
le tinte delle sue collanine.
Rime che a distanza
(Annina era così schietta)
conservino l'eleganza
povera, ma altrettanto netta.
Rime che non siano labili,
anche se orecchiabili.
Rime non crepuscolari,
ma verdi, elementari.

Ihretwegen

Ihretwegen will ich Reime, klare,
gebräuchliche: auf -are.
Reime, die vielleicht verboten,
doch offen: der Luft dargeboten.
Reime mit feinen Klängen
(vom Meer) in ihren Ohrengängen.
Ach, dass sie haben mögen, korallen,
Farben ihrer Halskettchen allen.
Reime, die auf die Distanz
(Annina war so schlicht)
bewahren ihre Eleganz,
schmucklos, doch rein auch und licht.
Reime, die nicht schwach sein sollen,
doch auch dem Ohr genehm sein wollen.
Reime, nicht vag und wenig wahr,
sondern grün und elementar.

Scandalo

Per una bicicletta azzurra,
Livorno come sussurra!
Come s'unisce al brusio
dei raggi, il mormorio!

Annina sbucata all'angolo
ha alimentato lo scandalo.
Ma quando mai s'era vista,
in giro, *una* ciclista?

Skandal

Wegen eines Rads, azurn,
höre ich Livorno schnurrn!
Wie sich vereint dem Surren
der Speichen, das Murren.

Annina, um die Ecke geschossen,
hat den Skandal angestoßen.
Wann je ward gesehen,
Eine Radlerin die Runde drehen?

Urlo

Il giorno del fidanzamento
empiva Livorno il vento.
Che urlo, tutte insieme,
dal porto, le sirene!

Tinnivano, leggeri,
i brindisi, cristallini,
Cantavano, serafini,
gli angeli, nei bicchieri.

Annina, bianca e nera,
bastava a far primavera.
Com'era capinera,
col cuore che le batteva!

Fuggì nel vento, stretta
al petto la sciarpetta.
In cielo, in mare, in terra
che urlo, scoppiata la guerra …

Geschrei

Der Tag als sie sich verlobt,
der Wind in Livorno tobt.
Vom Hafen flog herbei
aller Sirenen Geschrei!

Es klangen, so leicht,
Trinksprüche, kristallin.
Es sangen, engelsgleich,
in Gläsern die Seraphin.

Annina, schwarz und weiß,
war's, die den Frühling herbeitrug.
Einer Grasmücke gleich,
mit dem Herz, das ihr schlug!

Sie floh im Winde, gedrückt
an die Brust vom Schal ein Stück.
Im Himmel, auf See, auf Erden,
welch Geschrei, der Krieg war im Werden …

Ad portam inferi

Chi avrebbe mai pensato, allora,
di doverla incontrare
un'alba (così sola
e debole, e senza
l'appoggio di una parola)
seduta in quella stazione,
la mano sul tavolino
freddo, ad aspettare
l'ultima coincidenza
per l'ultima destinazione?

Posato il fagottino
in terra, con una cocca
del fazzoletto (di nebbia
e di vapori è piena
la sala, e vi si sfanno
i treni che vengono e vanno
senza fermarsi) asciuga
di soppiatto - in fretta
come fa la servetta
scacciata, che del servizio
nuovo ignora il padrone
e il vizio - la sola
lacrima che le sgorga
calda, e le brucia la gola.

An den Pforten zur Unterwelt

Wer hätte je gedacht, damals,
sie so antreffen zu müssen,
in der Frühe (so allein
und schwach, und ohne
die Stütze eines Worts)
sitzend in jenem Bahnhof dort,
die Hand auf dem kalten
Tischchen, wartend auf
den letzten Anschlusszug
zum letzten Bestimmungsort?

Das Bündel auf den Boden
gelegt, mit einem Zipfel
des Tuchs (von Nebel
und Dunst ist der Saal
erfüllt, und dort verwehen
die Züge, die kommen und gehen,
ohne zu halten) trocknet
sie heimlich – rasch, so
wie die kleine geschasste Magd,
die, neu im Dienst,
den Herrn übersieht
und das Laster – die einzige
Träne, die heiß ihr entquillt,
und in der Kehle ihr brennt.

Davanti al cappuccino
che si raffredda, Annina
di nuovo senza anello, pensa
di scrivere al suo bambino
almeno una cartolina:
"Caro, son qui: ti scrivo
per dirti ..." Ma invano tenta
di ricordare: non sa
nemmeno lei, non rammenta
se è morto o se ancora è vivo,
e si confonde (la testa
le gira vuota) e intanto,
mentre le cresce il pianto
in petto, cerca
confusa nella borsetta
la matita, scordata
(s'accorge con una stretta
al cuore) con le chiavi di casa.

Vorrebbe anche al suo marito
scrivere due righe, in fretta.
Dirgli, come faceva
quando in giorni più netti
andava a Colle Salvetti,
"Attilio caro, ho lasciato
il caffè sul gas e il burro
nella credenza: compra
solo un po' di spaghetti,
e vedi di non lavorare
troppo (non ti stancare
come al solito) e fuma

Vorm Cappuccino,
der kalt wird, denkt Annina,
erneut ohne Ring,
ihrem Kinde zu schreiben,
sei's auch nur eine Karte:
„Mein Lieber, hier bin ich: Ich schreib
dir zu sagen …" Doch vergebens
sucht sie im Gedächtnis: Nicht mal
weiß sie, erinnert sich nicht,
ob er schon tot ist, ob noch lebendig,
und sie verwirrt sich (der Kopf
ist ganz leer und schwirrt ihr) und indes,
während in der Brust ihr
das Weinen emporsteigt,
sucht sie konfus im Täschchen
den Stift, sie hat ihn vergessen
(sie spürt's mit Beklemmung
im Herzen) samt den Schlüsseln zur Wohnung.

Sie würde auch gern ihrem Manne
schreiben einige Zeilen, ganz rasch.
Ihm sagen, so wie sie's machte
in besseren Tagen, wenn
sie einfach nach Colle Salvetti hinging,
„Lieber Attilo, ich habe den
Kaffee auf dem Herd, die Butter
in der Kredenz stehen lassen: Kauf
ein wenig Spaghetti,
und sieh zu, dass du nicht
zu viel arbeitest (ermüde dich nicht
wie gewöhnlich) und rauch'

un poco meno, senza,
ti prego, approfittare
ancora della mia partenza,
chiudendo il contatore,
se esci, anche per poche ore."

Ma poi s'accorge che al dito
non ha più anello, e il cervello
di nuovo le si confonde
smarrito; e mentre
cerca invano di bere
freddo ormai il cappuccino
(la mano le trema: non riesce,
con tanta gente che esce
ed entra, ad alzare il bicchiere)
ritorna col suo pensiero
(guardando il cameriere
che intanto sparecchia, serio,
lasciando sul tavolino
il resto) al suo bambino.

nicht zu viel, ohne,
ich bitt' dich, wieder einmal
mein Fortgehen zu nutzen,
indem du den Zähler abstellst,
wenn du ausgehst, und sei's nur für Stunden."

Doch da bemerkt sie, dass sie am Finger
keinen Ring mehr hat, und das Hirn
gerät erneut durcheinander,
verstört sie; und während sie
vergebens versucht, den nun bereits
kalten Cappuccino zu trinken
(es zittert die Hand ihr: Sie schafft's nicht,
mit all den Leuten, die kommen
und gehen, ihr Glas zu erheben)
kommt sie mit ihren Gedanken
(den Kellner betrachtend,
der unterdes abräumt, sehr ernsthaft,
auf dem Tisch das Restgeld
zurücklässt) zurück auf ihr Kind.

Almeno le venisse in mente
che quel bambino è sparito!
E' cresciuto, ha tradito,
fugge ora rincorso
pel mondo dall'errore
e dal peccato, e morso
dal cane del suo rimorso
inutile, solo
è rimasto a nutrire,
smilzo come un usignolo,
la sua magra famiglia
(il maschio, Rina, la figlia)
con colpe da non finire.

Ma lei, anche se le si strappa
il cuore, come può ricordare,
con tutti quei cacciatori
intorno, tutta quella grappa,
i cani che a muso chino
fiutano il suo fagottino
misero, e poi da un angolo
scodinzolano e la stanno a guardare
con occhi che subito piangono?

Wenn ihr zumindest käm in den Sinn,
dass dies Kind verschwunden!
Es ist erwachsen, ging fremd,
flieht nun in der Welt
verfolgt vom Irrtum
und von der Sünde, und gebissen
vom Hund seiner nutzlosen
Reue, er ist nur
geblieben zu nähren,
schmächtig wie eine Amsel,
seine magre Familie
(den Bub, Rina, die Tochter)
mit dem Gefühl endloser Schuld.

Aber sie, wenn das Herz
ihr auch bricht, wie soll sie erinnern,
mit all diesen Jägern
ringsum, all dem Grappa,
den Hunden, die mit gesenkten
Schnauzen ihr ärmliches Bündel
beschnuppern, und dann hervor aus der
Ecke schwänzeln und sie betrachten,
mit Augen, die ganz plötzlich weinen?

Nemmeno sa distinguere bene,
ormai, tra marito e figliolo.
Vorrebbe piangere, cerca
sul marmo il tovagliolo
già tolto, e in terra
(vagamente la guerra
le torna in mente, e fischiare
a lungo nell'alba sente
un treno militare)
guarda fra tanto fumo
e tante bucce d'arancio
(fra tanto odore di rancio
e di pioggia) il solo
ed unico tesoro
che ha potuto salvare
e che (lei non può capire)
fra i piedi di tanta gente
i cani stanno a annusare.

"Signore cosa devo fare,"
quasi vorrebbe urlare,
come il giorno che il letto
pieno di lei, stretto
sentì il cuore svanire
in un così lungo morire.

Sie kann nicht einmal mehr gut
unterscheiden, zwischen Mann und dem Sohn.
Sie würde gern weinen, sie sucht
auf dem Marmor das Tuch,
das schon fort ist, und am Boden
(verschwommen kehrt zurück in
den Sinn ihr der Krieg, und lange
hört sie pfeifen am Morgen
einen Zug der Armee)
beäugt sie zwischen Rauch
und Schalen von Apfelsinen
(zwischen den Gerüchen der Essensrationen
und Regen) den alleinigen
und einzigen Schatz,
den sie wusste zu bergen,
und den (sie kann‘s nicht verstehen)
zwischen den Füßen so vieler Menschen
die Hunde beschnüffeln.

„Herr, was soll ich machen,“
würde sie gern schreien
wie an dem Tag, als das Bett
von ihr gefüllt, beengt
sie fühlte das Herz ihr verderben
in einem so langen Sterben.

Guarda l'orologio: è fermo.
Vorrebbe domandare
al capotreno. Vorrebbe
sapere se deve aspettare
ancora molto. Ma come,
come può, lei, sentire,
mentre le resta in gola
(c'è un fumo) la parola,
ch'è proprio negli occhi dei cani
la nebbia del suo domani?

Sie betrachtet die Uhr: Sie steht still.
Sie würde gerne den Zugführer
fragen. Würde gern wissen,
ob sie noch lange wird warten
müssen. Doch wie,
wie soll sie fühlen,
während ihr in der Kehle
(da ist Rauch) das Wort stockt,
dass ausgerechnet in der Hunde Augen
der Nebel ihres Morgens gründet?

Eppure …

Eppure, quanta mattina
il giorno ch'era partita Annina!

Ancora tutta da vivere,
e nel suo pieno ridere,
certo non era andata a nozze
in Duomo, con venti carrozze.

Ma chi le levava l'idea
che bello era anche il suo Sant'Andrea?

Branchi di ragazzetti scalzi
e magri, col loro urlio
(Annina tirava confetti
a manciate) lo scampanio
coprivano alzandole il cuore
(e un polverone) nel sole.

In abito nero il suo Attilio
andava, anche lui, in visibilio.
Com'era bello aizzare,
nel giorno!, quel raccattare.

Und doch …

Und doch, was für ein Morgen
am Tag, als Annina abgereist war!

Noch so viel zu leben,
und in ihres Lachens vollem Beben,
gewiss, zu ihrer Trauung ward sie nicht gefahren
zum Dom mit zwanzig Kutschen wunderbaren.

Aber wer nahm ihr die Vorstellung fort,
dass auch Sant‘ Andrea wär ein schöner Ort?

Scharen von Kindern, barfüßig
und mager, übertönten mit ihrem Gejohle
(Annina warf händeweise
Konfetti) das Geläut
der Glocken, erhoben ihr damit das Herz
(und eine Staubwolke) sonnenwärts.

Mit schwarzem Anzug bestückt,
ihr Attilio, auch er, ganz verzückt.
Wie schön war es herumzuhetzen
an diesem Tag! sich zusammenzusetzen.

C'erano Genì e Guglielmina,
Maria la Coscera, Chitì;
Ada con lo zio Arduino
e, con lo zio Alceste, il Ciucci;
c'era Decio, il Guarducci,
Mentana con l'Angiolino
(quello della Fiaschetteria
Toscana, al Cavalcavia),
e c'erano Pilade e Italia,
Fedora con la Zicarola:
tutti per lei dal Pallone
(da Sant'Iacopo, dal Casone,
dal Gigante e – anche! –
da Torre del Boccale)
venuti a Sant'Andrea a portare,
coi fiori, quell'animazione.

Per fare, a partire, più presto,
nemmeno c'era stato il rinfresco.
Che sciocchi di frusta, per via,
di corsa verso la Ferrovia!

Filava ora sul binario
il treno in perfetto orario.
Entrava nello scompartimento,
a folate, il vento,
e vivo dal finestrino
muoveva, col velo turchino,
il volto che leggero
prendeva il sentiero
campestre, e di biancospino.

Da waren Genì und Guglielmina,
Maria die Mafiabraut, Chitì;
Ada mit Onkel Arduino
und, mit Onkel Alceste, der Ciucci;
es war da Decio, Guarducci,
Mentana mit Angiolino
(der von der toskanischen
Weinhandlung, an der Cavalcavia),
und es waren da Pilade und Italia,
Fedora mit der Zicarola:
alle zusammen von der Pallona
(von Sankt Jakob, vom Casone,
vom Gigante und – sogar! –
von Torre del Boccale)
gekommen Sant'Andrea zu schmücken
und dieses Treiben mit Blumenstücken.

Um möglichst früh abzureisen,
gab es nicht einmal kleinste Speisen.
Wie die Peitschen knallten, um wie im Flug
rasch zu erreichen den Zug.

Nun fuhr aufs Gleis in dieser Stunde
der Zug ein, pünktlich auf die Sekunde.
Es fuhr ins Abteil,
in Böen der Wind,
und lebhaft im Fenster
bewegte sie, mit türkisfarbenem Tuch,
das Gesicht, das sanftmütig
aufnahm die Feldflucht
und die Distel weißblütig.

Annina tutta odorosa
di camicetta e di rosa
(Annina appena sposa
da un'ora) con fantasia
sporgeva di ciclamino
il braccio, cui via via
dondolando commosso
al saluto, rosso
tinniva il cornettino
di corallo, al polso.

Felice in pieno giorno
diceva addio a Livorno.

Addio al Magazzino Cigni,
ai Trotta, ai Pancaldi;
addio alla Tazza d'Oro e ai caldi
specchi, e addio ancora
(Annina era rapita,
correndo la sua intera vita)
ai fitti applausi sgorgati
dal cuore, all'Avvalorati.

Addio ai valzer d'erba,
notturni, e al Calambrone;
addio al Voltone
alle barcate matte
di ragazze, al tocco
vocianti verso il Marzocco
senza pagare lo scotto.

Annina voller Wohlgeruch
nach Bluse und Rosenduft
(Annina kaum eine
Stunde erst Braut)
streckte den Arm
mit Veilchen beblaut
hinaus, der nach und nach
schaukelnd geschwenkt
zum Gruß, rot klang das Hörnchen,
aus Koralle, am Handgelenk.

Glücklich am hellichten Tag
zu Livorno Leb' wohl sie sagt.

Lebe wohl zum Kaufhaus Cigni,
zu den Trotta, den Pancaldi,
Leb' wohl dem Tazza d'Oro und den warmen
Spiegeln, und Leb' wohl auch
(Annina war davon hingerissen,
ihr ganzes Leben überschauen zu müssen)
den starken Applausen, quellend
aus des Herzens Mark, im Avvalorati Park.

Lebe wohl den Walzern in Wiesen,
nächtens, und dem Calambrone:
Lebe wohl dem Voltone,
den verrückten Mädchenhaufen,
dem kreischenden Laufen
beim Schlag vom Marzocco
ohne die Zeche zu zahlen.

Credeva che la primavera
fosse la prima stazione.
Credeva che all'estate
piena, senz'altre fermate,
seguisse poi l'autunno
più tenero, e che un dolce inverno
di pelliccia e d'amore
(di chitarra e di cuore)
di nuovo alla primavera
portasse, in un giro eterno
cui fosse, quella stagione,
prima e ultima destinazione.

E invece com'era ferita
l'epoca in cui era partita!
Com'era già in lei, e in terra,
il seme della guerra!

Sie glaubte, dass Frühling
die erste Station wäre.
Sie glaubte, dass auf den Sommer,
ohne weiteres Halten,
der zartere Herbst folgen
würde, und dass ein zärtlicher Winter
aus Pelz und Liebe
(aus Gitarre und Herzblut)
erneut zum Frühling
trüge, in einem immerwährenden Reigen,
dass diese Jahreszeit wäre
erste und letzte Bestimmung.

Und wie hingegen war verwaist,
die Epoche in der sie abgereist!
Wie sehr war bereits in ihr, und auf Erden,
die Saat des Krieges am Werden!

Coda

Fu l'unica volta che Annina viaggiò col biglietto di Prima.

Coda

Nur dies eine Mal reiste Annina erster Klasse – biglietto di Prima.

Epilogo

Annina è nella tomba.
Annina, ormai, è un'ombra.
E chi potrà più appoggiare
l'orecchio al suo petto, e ascoltare
come una volta il cuore,
timido, tumultuare?

Epilog

Annina ist in der Gruft.
Annina, nur noch Schattenluft.
Und wer wird ihr nun noch legen
das Ohr auf die Brust, und lauschen
wie einstmals das Herz,
scheu, war heftig am Rauschen.

Il carro di vetro

Il sole della mattina,
in me, che acuta spina.
Al carro tutto di vetro
perché anch'io andavo dietro?

Portavano via Annina
(nel sole) quella mattina.
Erano quattro cavalli
(neri) senza sonagli.

Annina con me a Palermo
di notte era morta, e d'inverno.
Fuori c'era il temporale.
Poi cominciò ad albeggiare.

Dalla caserma vicina
allora, anche quella mattina,
perché si mise a suonare
la sveglia militare?

Era la prima mattina
del suo non potersi destare.

Der Wagen aus Glas

Die Sonne des Morgens,
in mir, welch spitzer Stachel.
Dem Wagen ganz aus Glas,
warum lief auch ich ihm nach?

Sie trugen Annina fort
(in der Sonne) an jenem Morgen.
Es waren vier Pferde
(schwarze) ohne Schellen.

Annina mit mir in Palermo
war nachts verstorben, und im Winter.
Draußen gab's ein Gewitter.
Und dann begann es zu tagen.

Aus der damals nahen Kaserne
erhob sich auch an jenem Morgen
den Weckmarsch zu blasen,
warum, die Militärfanfare?

Es war der erste Morgenanfang,
da ihr das Aufstehn nicht gelang.

Piuma

Mia pagina leggera:
piuma di primavera.
Nella mattina di marzo,
dentro un sole di quarzo,
ragazze fuori porta
(transitorie e sincere)
passano, vive e vere,
dischiusa la bocca commossa.

Ragazze calde e alte,
tra il verde delle piante.
ragazze quasi campagne
e marine, il cui sangue
accende, ventilata,
l'aria, che n'è illuminata.

Ragazze in carne e in colore,
da matrimonio e d'amore.
Ma ohi come la più fina
Manca di loro: Annina!

Feder

Mein leichtes Blatt:
Frühlingsflaum.
Im Morgen des März,
in einer Sonne aus Quarz,
Mädchen, die draußen
(vergänglich und recht)
vorbeigehen, lebendig und echt,
den bewegten Mund geöffnet.

Mädchen, hitzig und hochgewachsen,
zwischen dem Grün der Pflanzen.
Mädchen, halb ländlich
und halb maritim, ihr Blut
entzündet die bewegte Luft,
die von ihnen erleuchtet.

Mädchen in Fleisch und Saft
hochzeitlich mit Liebeskraft.
Doch, oh weh, wie fehlte da
unter ihnen die Feinste: Annina!

Il seme di piangere

Quanta Livorno, nera
D'acqua e – di panchina – bianca!

Serduto sul Voltone,
o nel buio di un portone,
che lacrime nel bambino
che, debole come un cerino,
tutto l'intero giorno
aveva girato Livorno!

La mamma-più-bella-del-mondo
Non c'era più – era via.
Via la ragazza fina,
d'ingegno e di fantasia.

Il vento popolare
veniva ancora dal mare
Ma ormai chi si voltava
Più a guardarla passare?

Via era la camicetta
timida e bianca, viva.
Nessuna cipria copriva
l'odore vuoto del mare
sui Fossi, e il suo sciacquare.

Die Saat des Weinens

So viel Livorno, schwarz
von Wasser und – von Bänken – weiß!

Verloren auf dem Voltone,
oder im Dunkel eines Haustors,
welch Weinen im Kinde,
das, schwach wie ein Zündholz,
den ganzen Tag lang
in Livorno herumgelaufen war.

Die Allerschönste-Mutter-der-Welt
war nicht mehr – war fort.
Fort das feine Mädchen,
von Verstand und Fantasie.

Der übliche Wind
kam noch immer vom Meer.
Doch wer wandt sich nun
noch um, sie vorbeigehn zu sehn?

Fort war die Bluse
schüchtern und weiß, lebendig.
Kein Puder bedeckte
den leeren Duft des Meeres
auf dem Fossone, und seine Brandung.

Ultima preghiera

Anima mia, fa' in fretta.
Ti presto la bicicletta,
ma corri. E con la gente
(ti prego, sii prudente)
non ti fermare a parlare
smettendo di pedalare.

Arriverai a Livorno,
vedrai, prima di giorno.
Non ci sarà nessuno
ancora, ma uno
per uno guarda chi esce
da ogni portone, e aspetta
(mentre odora di pesce
e di notte il selciato)
la figurina netta,
nel buio, volta al mercato.

Io so che non potrà tardare
oltre quel primo albeggiare.
Pedala, vola. E bada
(un nulla potrebbe bastare)
di non lasciarti sviare
da un'altra, sulla stessa strada.

Letzte Bitte

Meine Seele, mach dich parat.
Ich leih‘ dir das Rad,
doch eil dich. Und bei den Leuten
(ich bitt‘ dich, pass auf)
halte nicht an zu parlieren,
höre nicht auf zu pedalieren.

Du kommst an in Livorno,
wirst sehen, vor Anbruch des Tages.
Noch niemand wird umgehn,
doch einen nach dem anderen betrachte,
wie er schlüpft aus der Tür, und erwarte
(indes nach Fisch und Nacht
das Pflaster duftet)
im Dunkel die feine Gestalt,
wie sie einbiegt zum Markt.

Ich weiß, sie wird nicht versäumen,
des Morgendämmers Erscheinen.
Pedaliere, fliege. Und gib Acht
(ein Nichts könnte genügen),
dass dich nicht irre gehen lasse
eine andere, auf eben dieser Straße.

Livorno, come aggiorna,
col vento una torma
popola di ragazze
aperte come le sue piazze.
Ragazze grandi e vive
ma, attenta!, così sensitive
di reni (ragazze che hanno,
si dice, una dolcezza
tale nel petto, e tale
energia nella stretta)
che, se dovessi arrivare
col bianco vento che fanno,
so bene che andrebbe a finire
che ti lasceresti rapire.

Mia anima, non aspettare,
no, il loro apparire.
Faresti così fallire
con dolore il mio piano,
ed io un'altra volta Annina,
di tutte la più mattutina,
vedrei anche a te sfuggita,
ahimè, come già alla vita.

Livorno, wie es tagt,
mit dem Wind einen Schwarm
Mädchen ausstreut,
offen wie seine Plätze.
Mädchen, groß und lebendig,
doch, sei auf der Hut! vor so sinnlichen
Hüften (Mädchen, so sagt man,
die eine solche Süße im
Busen trügen und solche
Energie im Händedruck),
denn, wenn du mit dem weißen
Wind, den sie machen, einträfest,
weiß ich genau, wie es enden würde:
dass du dich mitreißen ließest.

Meine Seele, warte nicht,
nein, auf ihr Erscheinen.
Du würdest schmerzhaft damit
mein Planen verneinen,
und ein weiteres Mal würde ich sehen
Annina, die Morgenfrühste von allen,
auch dir verloren gehen,
ach, wie bereits dem Leben.

Ricòrdati perché ti mando;
altro non ti raccomando.
Ricordati che ti dovrà apparire
prima di giorno, e spia
(giacché, non so più come,
ho scordato il portone)
da un capo all'altro la via,
da Cors'Amedeo al Cisternone.

Porterà uno scialletto
nero, e una gonna verde.
Terrà stretto sul petto
il borsellino, e d'erbe
già sapendo e di mare
rinfrescato il mattino,
non ti potrai sbagliare
vedendola attraversare.

Denk daran, wozu ich dich sende;
andres mahn' ich dich nicht.
Denk daran, sie muss dir erscheinen
vor dem Tageslicht, und spähe
(denn, ich weiß nicht mehr wie,
ich habe die Haustür vergessen)
von einem Ende der Straße zum andern,
vom Cors'Amadeo zum Cisternone
lass du den Blick wandern.

Sie wird ein schwarzes Tüchlein
tragen und einen grünen Rock.
Wird fest drücken das Täschlein
an die Brust, und erfrischt
ist der Morgen, nach Kräutern
und Seeluft schon duftend,
du wirst dich nicht irren,
wenn du sie vorbeigehen siehst.

Seguila prudentemente,
allora, e con la mente
all'erta. E, circospetta,
buttata la sigaretta,
accòstati a lei soltanto,
anima, quando il mio pianto
sentirai che di piombo
è diventato in fondo
al mio cuore lontano.

Anche se io, così vecchio,
non potrò darti mano,
tu mórmorale all'orecchio
(più lieve del mio sospiro,
messole un braccio in giro
alla vita) in un soffio
ciò ch'io e il mio rimorso,
pur parlassimo piano,
non le potremmo mai dire
senza vederla arrossire.

Dille chi ti ha mandato:
suo figlio, il suo fidanzato.
D'altro non ti richiedo.
Poi va' pure in congedo

Folg‘ ihr mit Umsicht,
sodann, und wachsamen
Sinnes. Und, mit Vorsicht,
schnipp‘ fort nun die Kippe,
nähere dich ihr nur,
Seele, sobald du von meiner Trauer
vernimmst die Kunde,
die in meinem fernen Herzen
Blei wurde an seinem Grunde.

Auch wenn ich, so alt,
dir nicht beistehen kann,
flüstere du ins Ohr ihr bald
(sanfter als mein Atem und,
leg‘ einen Arm ihr rund
um die Hüfte) in einem Hauch,
das, was ich und meine Reue, auch
wenn wir leise sprächen,
ihr nie sagen könnten,
ohne dass sie erröten würde.

Sag ihr, wer dich gesandt:
ihr Sohn, ihr Liebespfand.
Mehr bitt‘ ich dich nicht.
Dann, auch du, empfehle dich.

Iscrizione

Freschi come i bicchieri
furono i suoi pensieri.
Per lei torni in onore
la rima in cuore e amore.

Inschrift

Klar wie die Gläser die blanken
waren ihre Gedanken.
Wegen ihr sei‘s wieder ehrenhaft
wenn einer Herz-Schmerz-Reime schafft.

Weitere Verse

Altri versi

Treno

Ahi treno lungo e lento
(nero) fino a Benevento.
Mio padre piangeva sgomento
d'essere così vecchio.

Piangeva in treno, solo,
davanti a me, suo figliolo.
Che sole nello scompartimento
vuoto, fino a Benevento!

Io nulla gli avevo detto
standogli di rimpetto.
Per Bari proseguì solo:
lo lasciai lì: io, suo figliolo.

Zug

Ach Zug, lang und träge,
(schwarz) nach Benevent zu Wege.
Mein Vater klagte entsetzt,
dass er so alt sei jetzt.

Er weinte im Zug, allein,
vor mir, seinem Sohn.
Welch Sonne im leeren Abteil
bis nach Benevent!

Ich sagte nichts zu ihm
wie ich ihm gegenüber saß.
Nach Bari weiter fuhr ich allein:
ließ ihn dort: ich, sein lieber Sohn.

Andando a scuola

Un prete in bicicletta,
all'alba, che fretta.

Con l'anima mia stretta
E abbottonata, anch'io
pedalando al mio dio
me n'andavo, in disdetta.

Il cuore aveva fretta
più del piede, e batteva.
Ma dove mai correva
(nella nebbia) a quell'ora?

La mente brancolava
cercando, nota, la strada.
E ahi se mi strozzava
stretta intorno alla gola
(quel prete in bicicletta!)
umida la giacchetta.

Perdevo moglie e figli,
lo sentivo, fra i tigli.
Perdevo andando a scuola,
nell'acqua di quell'aurora,
tutta l'intera vita
mia, consumata in salita.

Davvero mai fu più assassino
(mai) nel mio petto il mattino.

Auf dem Weg zur Schule

Ein Priester auf dem Rad,
des Morgens, welche Eile.

Mit meiner Seele, eng
und verschlossen, radelte
auch ich, zu meinem Gott
brach ich auf, im Unglück.

Das Herz hatte mehr Eile
als der Fuß, und pochte.
Aber wohin lief es
(im Nebel) zu dieser Stunde?

Der Geist irrte umher,
suchte den Weg, den bekannten.
Und ach, wenn mich würgte
eng um den Hals
(dieser Priester auf dem Rad!)
nass das Jackett.

Ich verlor Frau und Kinder,
ich fühlte es, unter den Linden.
Ich verlor auf dem Weg zur Schule
im Regen dieses Morgens,
all mein ganzes Leben,
verzehrt im Anstieg.

Fürwahr nie war mörderischer
(niemals) in meiner Brust der Morgen.

Divertimento

I.

Il mare non lo conobbi:
fui conosciuto dal mare.
In certe mattine chiare
d'ottobre, io e il mare
(simili a due palombi,
uno bianco e uno nero),
insieme avevamo un vero
amore, battagliero.

Il mare mi lambiva i lombi
gracili, con la sua piuma.
E a me pareva spuma
labile, ma che consuma
il sangue e sveglia rombi
di vita nel magro orecchio.
Perch'io ero stanco (vecchio
forse), e pari a un secchio

asciutto, avevo i piombi
aridi nei miei colori.
Ma il mare alzò in me ardori
e aliti – alzò in me cori
di vele dagli strapiombi
liguri, e fu più fine
d'un Sirio che senza fine
punga tetti e rovine.

Vergnügung

I.

Das Meer kannte ich nicht:
Ich wurde vom Meer erkannt.
In gewissen Morgenstunden, hellen
im Oktober, ich und das Meer
(gleich zwei Glatthaien,
einer weiß und einer schwarz),
hatten eine wahre Liebe
miteinander, kampfeslustig.

Das Meer umspülte mir die zarten
Lenden mit seinem Flaum.
Und mir erschien es kraftloser
Schaum, der dennoch das Blut
verzehrt und das Donnergrollen
des Lebens im dürren Ohr erweckt.
Weil ich müde war (vielleicht
alt), und gleich einem trocknen

Kübel, hatte ich trockenes
Blei in meinen Farben.
Doch das Meer hisste Glut in mir
und Atem – hisste in mir Chöre
von Segeln ligurischer
Felsüberhänge, und es war feiner
als ein Hundsstern, der ohne Unterlass
Dächer und Trümmer zerbeißt.

Poi il mare io lo conobbi:
conobbi un rimorchiatore
di notte, e un vapore
che dal nero lucore
del porto, sui profondi
sciacquii dell'acqua, via
portò l'anima mia.
Dietro v'era una scia

di pesci e di rotondi
occhi (forse di luna)
che lasciarono una
ferita in me (la cruna
d'un ago) che nei piombi
di Roma morde ancora
la mia voce, e l'accora.

II.

E in me appunto era l'ora

esatta, in cui i più fondi
suoni del sangue avviva
la morte, se immensa arriva
ed oscura la riva
dov'ardono in girotondi
ragazze scalze e in amore
– ragazze che col rossore
dell'alito, il lucore

Dann erkannte ich es, das Meer:
Ich erkannte ein Schleppschiff
nächtens, und einen Dampf,
der vom schwarzen Glanz
des Hafens, in seinem tieftönenden
Klatschen der Wasser,
meine Seele forttrug.
Dahinter ein Kielwasser

von Fischen mit runden
Augen (vielleicht mondenen)
die in mir eine Wunde
hinterließen (ein Nadelöhr),
das im römischen Blei
noch immer meine Stimme
zerbeißt und sie eintrübt.

II.

Es war in mir eben genau

die Stunde, in der die tiefsten
Töne des Herzens den Tod
hochleben lassen, wenn gewaltig
und dunkel das Ufer ankommt,
wo die Reigen der Mädchen
leuchten, barfuß und voller Liebe
– Mädchen, die mit der Röte
des Atems, den Glanz

negli occhi hanno dei mondi
neri che in sé nasconde
(sotto il liscio dell'onde)
l'acqua priva di sponde.
Ragazze i cui stretti lombi
saporiti di sale
ripetono sempre eguale
il tubare che sale

dal petto dei colombi,
oppure lunghe e ladre
(dalle labbra ancor magre)
dietro la nuca, in tondi
nodi i capelli (mossi
dall'aria, e un poco rossi
come il calcagno), in ossi

di pettine fanno folti
con odor di vainiglie.
Ragazze quasi conchiglie,
ma, in genere, asciutte figlie
di barcaioli, storti
dal remo che sempre sale
e sempre cala nel mare.

in den Augen haben von schwarzen
Welten, der in sich verbirgt
(unter dem Tanz der Wellen)
das uferlose Wasser.
Mädchen, deren schmale Hüften
salzkrustig
gleichförmig stets wiederholen
das Gurren, das hervorsteigt

aus der Brust der Tauben,
oder lang und diebisch
(von den noch schmalen Lippen)
hinten am Nacken, in runden
Knoten die Haare (von der Luft
zerwirbelt und ein wenig rötlich
wie die Ferse), mit Kämmen

aus Schildpatt dicht schnüren
voller Duft nach Vanille.
Mädchen wie Muscheln,
doch im Grunde nüchterne Töchter
von Schiffern, krumm
vom Ruder, das fortwährend
eintaucht und steigt aus dem Meer.

Due appunti

a Rina

1.
Aprile, 24

Parlava del buon pastore.
La chiesa era piena di sole.

Un poco trafelato
per il ritardo, il soffio
sentivo dietro l'orecchio
del tuo timido fiato.

Fu il 24 aprile,
con te, in un'ora pia.
Splendeva la stola bianca
del Servo di Maria.

Zwei Notizen

für Rina

1.
24. April

Er sprach vom guten Hirten.
Die Kirche voll Sonne flirrte.

Ein wenig außer Puste,
verspätet, spürte ich
den Hauch hinterm Ohr
deines schüchternen Atems.

Es war der 24. im April,
mit dir, zu frommer Stunde.
Es glänzte die Stola so weiß
des Dieners von Marias Geheiß.

2.
Maggio, 1

Aveva la stola rossa:
parlava della gioia.
sentivo dentro l'ossa
scuotersi la mia noia.

Sentivo folle un nome
colmare la navata:
parlava di resurrezione
e di speranza, squillata.

Il giorno era il Primo Maggio:
la pasqua dei lavoratori.
Accanto a te che coraggio
nel petto, e che clamori
alzava nel mio orecchi
la tenebra d'un apparecchio!

2.
1. Mai

Er trug die rote Stola:
Er sprach von der Freude.
Ich spürte in den Knochen
die Langeweile mir kochen.

Ich hörte närrisch einen Namen
das Kirchenschiff erfüllen:
Er sprach schmetternd
von Hoffnung und vom Auferstehen.

Der Tag war vom Mai der Erste:
der Arbeiter Ostern.
Neben dir welch Mut
in der Brust, und welcher Lärm
stieg auf in meine Ohren,
das Dunkel einer Maschine!

Il becolino

Piangevo in un'incerta casa
piena di stanze amorfe.
La luce che sulle porte
batteva, era di luna
e nuvola (era di mare
e barca), e penetrava
nel cuore che si straziava
– vano – per la sua sorte.

Sentivo ondate morte
frangersi sulla rena.
Sentivo alla catena
abbaiare più forte
la cagna, e sbigottita
nel petto sentivo la vita
mia intera palpitare
come dovesse arrivare
non so che remo dal mare.

Tremava nel portone
la lampadina a carbone.
Scuotevano le impannate,
violente, le ventate,
ma che altro poteva annunziare,
se non l'umidore del mare,
la tromba delle scale
che s'era messa a suonare?

Der Stocherkahn

Ich weinte in einem schemenhaften Haus
voll gestaltloser Zimmer.
Das Licht, das an die Pforten
pochte, war des Mondes
und der Wolke (war des Meeres
und der Schiffe), und es drang
mitten ins Herz, das sich quälte
– vergebens – aufgrund seines Schicksals.

Ich hörte tote Wellen
versickern im Sand.
Ich hörte die Hündin
an der Kette lauter
bellen, und bestürzt
spürte ich in der Brust
mein ganzes Leben zucken,
als müsste vom Meer her
ich weiß nicht welches Ruder eintreffen.

Es zitterte im Hafen
die Kohlenfunzel.
Es blähten die Gardinen,
heftig, die Böen,
was sollten sie andres künden,
wenn nicht die Feuchte des Meeres,
der Treppen Flötenschacht,
der anhob zu spielen?

Piangevo in una grande casa,
di notte, in lutto e in follia.
piangevo la patria mia
disertata, ed anche
piangevo la donna dalle anche
ladre, che dalla sera
alla mattina andava
su e giù pel molo, e palpava
(mentre una nave salpava
fitta di lumi) i guardiani
che, con tre scudi, alle mani
di lei, contratti in viso,
cedevano il paradiso
cui non credevano, morti
da secoli tra i cordami
attorcigliati, e sepolti.

Piangevo in costernazione
il giorno della trasmutazione.
Piangevo la latteria
dove con lei la mia
anima debole (stretta
fra quelle anche), in fretta
(il vento era di ciclone,
ed abbassò la tensione)
perdette con la giacchetta,
lasciata a un chiodo, il solo
suo infagottato tesoro.

Ich weinte in einem großen Haus,
des Nachts, in Trauer und Irrsinn.
Ich beweinte mein Vaterland,
das abgefallene, und ebenso
beweinte ich die Frau mit den
diebischen Hüften, die vom Abend
bis zum Morgen die Mole
hinauf- und hinabging und die Wächter
(indes ein Schiff in See stach,
hell beleuchtet) betatschte, welche,
mit drei Münzen, per Handschlag,
ihren Händen das Paradies
überließen, an das sie
nicht glaubten, tot seit
Jahrhunderten zwischen dem Tauwerk
eingewickelt, und begraben.

Ich beweinte voller Bestürzung
den Tag der Verwandlung.
Ich beweinte die Milchbar,
wo ich mit ihr mein
schlaffes Gemüt (geklemmt
zwischen diesen Hüften) in Eile
(der Wind ein Hurrikan,
und die Spannung ließ nach)
verlor mit der Jacke,
gelassen an einem Haken, ihren
einzigen Schatz in einem Bündel.

Piangevo senza saper dire
il seme del mio morire.
Sentivo che nel buio c'era
qualcuno, ad origliare,
ma mai avrei potuto tentare
d'aprire, e guardare
lei che in capelli e impura
(l'orecchio alla serratura
e il fiato spesso) aspettava,
mentre il vento soffiava,
un segno della mia paura.

Sapevo che col giorno
sarei tornato a Livorno.
Sapevo che avrei trovato
pioggia e vento al mercato,
e che (tra pesci e verdura,
e odore d'acqua e d'aria
sfatta) un bambino
di nuovo sarebbe corso,
sfuggito di mano, sul Fosso
per mettersi a singhiozzare
(bagnato dal vento di mare)
sul nero becolino
lungo, e sul suo scivolare.

Ich beweinte wortlos
die Saat meines Sterbens.
Ich spürte im Dunkeln
jemanden lauschen,
doch niemals hätt' ich's vermocht
zu öffnen und sie zu betrachten,
ohne Hut und Anstand
(das Ohr am Schloss
und der Atem gepresst) ausharrte,
während der Wind wehte,
als Zeichen meiner Furcht.

Ich wusste, dass ich anderntags
nach Livorno zurückkehren würde.
Ich wusste, dass ich Regen und Wind
auf dem Markt antreffen würde,
und dass (unter Fisch und Feldfrucht
in Wasser und welker
Luft) wieder ein entlaufenes Kind
auf dem Fossone
herumrennen würde,
schluchzend
(durchnässt vom Meerwind)
über den langen schwarzen
Stocherkahn, und über sein Gleiten.

A Ferruccio Ulivi

Che aria fina fina
di Firenze – che fiore
d'intelligente odore
penetrato nel cuore!

Ferruccio mio, ti scrivo
perché in petto ho ancor vivo
un ago. E chi potrebbe
a voce dirti ch'ebbe
in te un vino il dolore?

Vedilo nel lucore
di questi versi: cuore
che ha bruciato le vele.
E, acuti vetri o vere
sillabe, a lungo tocchi
l'unghia tua questo Giorgio
cui recasti Betocchi.

An Feruccio Ulivi

Welch feine feine Luft
Firenzens – welch Blüte
ihr intelligenter Duft
tief versenkt ins Herz!

Mein Ferruccio, ich schreib dir,
weil in der Brust mir
noch ein Stachel steckt. Und wer sonst
könnte dir sagen, dass er
Wein und Schmerz an dir habe?

Sieh es im Glanze
dieser Verse: Ein Herz,
das die Segel verbrannt hat.
Und, scharfe Scherben oder wahre
Silben, lang schon berührt
dein Fingernagel diesen Giorgio,
dem du Betocchi dargereicht.

La palla

Le magre giovinette in avvenire
che rimbalzando la palla di gomma
sudano delicate nel cortile
di cemento ove giocano, la tromba
del silenzio perché non sanno udire
come so io? Al bianco d’una tomba
mentre la porcellana fa salire
dal piatto acceso il pensiero, nell’ombra
che prenotturna le copre oh la gialla
vampa dalle magliette acri – il clamore
di giubilo, se per un fatuo errore
libero di capelli e aliti, dalla
finestra chiusa raggiunge il mio cuore,
spaccato un vetro celeste, la palla.

Der Ball

Die mageren Mädchen im Werden,
die den Gummiball prellend
leicht schwitzen im Hof aus Beton,
worin sie spielen, warum können
sie die Fanfare der Stille nicht hören,
wie ich es kann? Am Weiß einer Grabstatt
indes das Porzellan von der entzündeten
Fläche den Gedanken emporsteigen lässt, im Schatten
der vornächtlich ihnen verdeckt oh gelbe Flamme
der engen Hemdchen – das Geschrei
der Jubelrufe, wenn eines kleinen Fehlers wegen,
kahl und außer Atem, durchs
geschlossene Fenster mein Herz erreicht,
eine himmelblaue Scheibe zerberstend, der Ball.

Anmerkung zu *Die Saat des Weinens*

Giorgio Caproni (1983)

Die ältesten Verse (1950) dieser Sammlung sind die Feruccio Ulivi gewidmeten und von emotionalem Wert für mich, weil sie ganz plötzlich an dem Tag entstanden, als Feruccio, wenige Tage nach dem Tod meiner Mutter, mich in Begleitung von Carlo Betocchi besuchte, den ich damals noch nicht kannte. Dann folgen die Verse von *Divertimento*, 1952, und, vom Vorjahr, *La palla.*

Die *Versi livornesi* reichen vom Jahr 1954 (*Preghiera, Il seme del piangere*) bis 1958, und die bereits fertiggestellten wurden nicht in *Passaggio d'Enea* aufgenommen (außer: „Com'era acuto l'ago“ und „Quanta Livorno d'acqua“, die ich hier wieder ihrem angemessenen Ort zuführe), hatte ich doch bereits damals im Sinn, eine kleine Sammlung zusammenzustellen, die ganz meiner Mutter gewidmet sein sollte, ein Versprechen an Vanni Scheiwiller, der sie mit dem gegenwärtigen Titel in seiner Programmvorschau ankündigte und der mir bereits verziehen hat, dass ich sie ihm entzogen habe.

Il Voltone ist der volkstümliche Spitzname der großen Piazza Carlo Alberto (heute Piazza della Repubblica), der sich dadurch erklärt, dass unter ihr wie unter einem großen Rundbogen der schiffbare Kanal liegt, der den Fosso di Navicelli mit der Darsena der Cantiere Orlando verbindet. Der Cisternone ist der Wasserspeicher der Leitung von Colognole, ein gelber Bau in neoklassischem Stil, überwölbt von einer riesigen Rundnische. Am Corso Amadeo, nahe dem Parterre und dem Cisternone, lag der kleine Palazzo, worin ich geboren wurde. Via Palestro ist (oder war) eine der belebtesten Straßen, dort habe ich bis 1922 gewohnt, bevor wir nach Genua gezogen sind.

Die *becolini*, im Livorno meiner Kindheit, waren lange Lastkähne, eleganter als die Boote und üblichen Kähne, schwarz von Teer und sie wurden ein wenig wie eine Gondel von einem Steuermann manövriert, der sich mit einem langen Stecken auf den Grund stoßend abstützte und vom Bug zum Heck lief, mal steuer- mal backbords eben dieses Kahns.

Nachwort des Übersetzers

Giorgio Caproni ist dem deutschen Publikum nahezu unbekannt. Aus seinem umfangreichen lyrischen Werk, das in der italienischen Gesamtausgabe[1] auf beinahe tausend Seiten kommt, wurde auf Deutsch bislang nur eine kleine Auswahl vorgestellt.[2] Eine jüngst erschienene Publikation zur italienischen Lyrik, in welcher Caproni als einer der drei Dichter bezeichnet wird, „die der Nachkriegsmoderne in Italien den Boden bereitet haben",[3] konstatiert die hervorragende Bedeutung des Dichters, belässt es jedoch beim Abdruck dreier Gedichte der Auswahl von 1990. Während in Italien die ihm gebührende Anerkennung in den letzten zwei Jahrzehnten beständig gewachsen ist, hat sich in den Jahren zwischen dem Mauerfall und der 2013 erschienenen Anthologie nichts getan, was die Verbreitung seiner Werke in deutscher Sprache betrifft. Auch eine favorisierte Darstellung Capronis bei Hösle hat daran nichts geändert.[4]

Die vorliegende Edition ist somit die erste Übertragung eines einzelnen Gedichtbandes des Autors ins Deutsche. Das ist insofern von großer Bedeutung, als dass die von Caproni publizierten Gedichtbände nicht einfach chronologische

---

[1] Giorgio Caproni: Tutte le poesie. Milano 1999 (7. Aufl. 2011).

[2] Giorgio Caproni: Gedichte. Ausgewählt, übertragen und mit einem Nachwort versehen von Hanno Helbling. Stuttgart 1990. Einzelne Gedichte finden sich auch am Ende des Essays von Lea Ritter-Santini, der jene Auswahl angeregt hat. Vgl. Lea Ritter-Santini: Nachrichten aus einem Ort, den es nicht gibt. In: Akzente 5/1988, S. 398-414.

[3] Federico Italiano und Michael Krüger (Hrsg.): Die Erschließung des Lichts. Italienische Dichtung der Gegenwart. München 2013, Vorwort S. 9.

[4] Johannes Hösle: Italienische Literatur der Gegenwart. Von Cesare Pavese bis Dario Fo. München 1999, S. 13.

Sammlungen der jeweils im entsprechenden Zeitraum angefallenen Produktion sind, sondern konzipierte und streng komponierte Werke, die für sich abgeschlossene Zyklen bilden und deren Titel und Motti mehrdeutige Poetologien enthalten. So verdienstvoll eine Auswahl aus Werken immer ist (die Gedichte für die Sammlung von 1990 konnten von Hanno Helbling immerhin noch in Zusammenarbeit mit Caproni ausgewählt werden), so ist doch fraglich, ob sie einen „verlässlichen Einblick in das Schaffen Capronis“ gibt.[5]

Der hier vorgestellte Gedichtzyklus *Il seme del piangere* wurde 1959 erstmals bei Garzanti veröffentlicht (vgl. dazu oben die Anmerkungen Capronis).[6] Der Band enthält 30 Gedichte, 22 davon sind als *Versi livornesi* seiner 1950 in Palermo verstorbenen Mutter Anna Picchi gewidmet. In die deutsche Auswahl von Hanno Helbling haben es nur vier davon geschafft: die Eingangs- und die Schlussbitte, das zentrale „Ad portam inferi“ und das charmante „L'uscita mattutina“. Es fehlen aber z.B. die beiden zentralen poetologischen Gedichte „Per lei“ und „Iscrizione“, die von fundamentaler Wichtigkeit für den ganzen Band sind, weil sie eine Grundbeschaffenheit der Dichtung Capronis thematisieren – den Reim. „Per lei“ („Ihretwegen“) findet sich als elftes Gedicht am Ende der ersten Hälfte, so wie „Iscrizione“ („Inschrift“) als 22. Gedicht am Ende der zweiten Hälfte steht. Diese beiden Gedichte korrespondieren nicht nur wegen der ihnen zugrunde liegenden Poetologie, sondern auch weil der Titel des einen („Per lei“) im dritten Vers des zweiten wiederholt wird („Per lei torni in onore“). Die Übersetzung versucht daher, wann immer es sich anbietet, die Musikalität der Vorlage nachzubilden, indem sie ebenfalls Reime oder Assonanzen einsetzt. Bei eini-

---

[5] Giorgio Caproni: Gedichte. Stuttgart 1990, S. 184.

[6] Die Gedichte der hier vorliegenden deutschen Ausgabe und deren Anordnung folgen der in Fußnote 1 angegebenen Ausgabe, S. 191-247. Zur italienischen Edition siehe dort, S. 3 u. 7f.

gen Gedichten oder auch Versabschnitten schien das naheliegender und zwingender als bei anderen, wo zugunsten weiterer Stilmittel darauf verzichtet wurde. Die Reimordnung Capronis dogmatisch einzuhalten, hätte weder der deutschen Version gut getan, noch schien sie wegen der Parallelführung der Sprachversionen nötig – denn das Italienisch ist eine recht leicht auszusprechende Sprache, und so kann der Leser die Musikalität der italienischen Originalversion jederzeit nachverfolgen, ohne über Sprachkenntnisse im tieferen Sinn zu verfügen.

Im Folgenden noch einige literarhistorische Hinweise, die der Leserin und dem Leser für das Verständnis der Dichtung Capronis, insbesondere des hier vorliegenden Zyklus, dienlich sein mögen.[7]

Der Titel des Gedichtbands und der Eingangszweizeiler (S. 7) sind dem zweiten Buch („Purgatorio") der *Göttlichen Komödie* entnommen, worin Dante mit seinem Führer Vergil den Läuterungsberg erklimmt. Thema des „Purgatorio" ist die Reinigung der Verstorbenen von ihren zu Lebzeiten begangenen Verfehlungen; und so berichtet Dante von den Seelen, deren Aufnahme ins Paradies zwar feststeht, die aber zuvor noch einem mehr oder weniger langen Prozess der Läuterung unterworfen sind. Dem irdischen Körper bereits entzogen, sind dort die Seelen einem abgestuften Reinigungsprozess gemäß der von ihnen begangenen Sünden unterworfen und es wird viel geklagt und geweint, obgleich sie dem ewigen Heil schon sicher bestimmt sind. Die "Saat des Weinens abzulegen", wie Beatrice, seine früh verstorbene Geliebte, es streng von Dante fordert, bedeutet, sich von den Ursachen für das nun zu

---

[7] Zu biografischen und intertextuellen sowie zeitgeschichtlichen Bezügen vgl. Frabotta, Biancamaria: „Il seme del piangere" di Giorgio Caproni. In: Letteratura Italiana Einaudi. Le Opere. Vol. IV.II, a cura di Alberto Asor Rosa. Turin 1996, S. 1 20. Dort findet sich auch eine ausführliche Bibliografie.

erduldende Leiden im Fegefeuer abzuwenden und die ewige Seligkeit zu bedenken, die bevorsteht. Nicht mehr der Blick zurück, vom Geheul der Sirenen verführt, soll im Zentrum stehen, sondern die Vision der Erlösung.

So ist die Ansprache des lyrischen Ichs an seine Seele als Imago des Dichters auch eine Mahnung an sich selbst, den Trauergesang, den der Zyklus zu einem Teil darstellt, aufzulösen in die heitere Gelassenheit einer Gewissheit, dass sich die tote Mutter im Wege des Aufstiegs befindet. Die Gedichte tragen beide Seiten dieser Erfahrung in sich: untröstliche Trauer und schwärzeste Seiten („Ad portam inferi", „Epilogo", „Il carro di vetro") sowie auch die Heiterkeit und Leichtigkeit Anninas im heimatlichen Livorno von Capronis frühester Kindheitserinnerung („L'uscita mattutina", „Scandalo").

Das Eingangsgedicht „Perch'io" ist eine Hommage an Guido Cavalcantis Gedicht „Perch'i' non spero di tornar giammai", worin der Dichter, der sich in der Verbannung befindet, sein Lied („ballatetta") auffordert, an seiner Stelle in die Toskana zu reisen, um seine Dame aufzusuchen („va tu, leggera e piana,/dritt'a donna mia"). Hierin gründet die Inspiration für die Anrufung der Seele in den beiden „preghiere", „Gebeten". Wichtig ist hier das Motiv der Verbannung, das auch bei Dante wiederholt anklingt und somit *Il seme del piangere* als Subtext zugrunde liegt. Cavalcanti zählt mit Dante zu den Vertretern des „Dolce stil novo", einer literarischen Bewegung, die sich vornehmlich der Verehrung der Frau widmet. Caproni stellt sich damit in die Tradition einer Dichtung, die den Kult der geliebten Frau betreibt, aufs Höchste gesteigert in Dantes *Vita nova* und in der *Göttlichen Komödie,* worin Beatrice ihm „herrlich scheint, wie einem Sohn die Mutter" („Cosí la madre al figlio par superba", Purgatorio XXX, 79).

Die Seele des Dichters macht sich also auf nach Livorno, wo Caproni die ersten Jahre seiner Kindheit verbracht hat, und dort trifft er vermittels der Einbildungskraft seiner Seele auf seine Mutter Anna Picchi, die „vielleicht [...] reizvollste Mutter der europäischen Lyrik"[8], die aber – als junges Mädchen Annina in ihrer ganzen Jugendfrische – eben noch nicht seine Mutter ist. Und das vielleicht reizvollste Detail dieser Verse ist die wiederholt wechselnde Perspektive vom Sohn zum potentiellen Bräutigam („Dille chi ti ha mandato/suo figlio, il suo fidanzato."). Dieses quasi inzestuöse Berührtsein des Dichters durch die Anmut Anninas „kann ihm nicht – mütterlich – verboten sein, denn sie ist noch nicht seine Mutter, sondern das ganz junge Mädchen, das er in seinen Versen besingen möchte." (Ritter-Santini, ebd.) So reicht der Ausgriff der Verse in einen Zeit-Ort, der vor der Geburt des Dichters liegt, tief in die Vergangenheit und beschwört mit der Kraft der Poesie den Un-Ort der Vergangenheit in einer Meditation über den Un-Ort des Todes wieder herauf in einen Ort der Gegenwart, wo es wieder legitim ist, „Herz auf Schmerz" zu reimen. ("Per lei torni in onore / la rima in cuore e amore"). Dies könnte nicht geschehen, wenn Caproni seinen poetischen Diskurs nicht auf die allerelementarsten Grundlagen stellen würde: die Liebe zur Mutter, die Angst vor dem Tod und die Geisterhaftigkeit der Orte und Landschaften, wo die Welt der Lebenden zu einer Gegenwelt der Toten gerinnt.

Ich danke Dr. Sabine Jansen für die intensive Begleitung dieser Übersetzung und ihre Hilfe bei stilistischen und orthografischen Fragen und für Lektorat und Endredaktion, Jost Neßhöver für den anregenden Austausch über sprachliche Varianten und Hartmut Abendschein für die Aufnahme dieses Bandes in seine Edition und zahlreiche Anregungen und Hilfe bei der Abfassung des Textes.

Ich widme diese Übersetzung meiner 2004 verstorbenen Mutter Elisabeth Schairer.

Köln im April 2016
Stefan Ruess

---

[8] Ritter-Santini: Nachrichten, S. 399

Die Gedichte

Giorgio Caproni wurde 1912 im toskanischen Livorno geboren. Seine Kindheit und Jugend verbrachte der Lyriker in Livorno und Genua. 1939 wurde er zum Militärdienst einberufen, kämpfte an der Westfront und nahm während der deutschen Besatzung am Partisanenkampf im Val Trebbia (Provinz Genua) teil. Vorübergehend war er als Grundschullehrer beschäftigt. Nach seiner Übersiedelung nach Rom arbeitete Caproni als Kritiker für mehrere Zeitungen und Zeitschriften sowie als Übersetzer, vor allem aus dem Französischen (Proust, Céline, Maupassant, Char etc.). Zwischen 1936 und 1988 gab Caproni achtzehn Gedichtbände heraus. Er gilt in Italien als einer der herausragendsten Dichter seiner Generation. Giorgio Caproni starb 1990 in Rom. Postum erschien 1991 das umfassende poetische Werk *Res amissa.*

Stefan Ruess, geboren und aufgewachsen in Oberschwaben. Studium der Germanistik, Geschichte und Philosophie in Köln und Neapel. 2003 freier Mitarbeiter am Goethe-Institut in Neapel und Lehrer für Deutsch als Fremdsprache am Liceo Mercalli, Neapel. Seit 1993 Aufenthalte in Italien. Lebt in Köln und ist im Verlagswesen tätig. 2013 erschien die Übersetzung *Süditalienische Reise* (Giuseppe Ungaretti) in dieser Edition.

Sabine Jansen, geboren und aufgewachsen in Köln, Studium und Promotion in Köln. Arbeitet seit 2001 als freischaffende Künstlerin in Köln. Seit 2011 Leiterin des kunstraum dellbrück. www.oh-welt.de

edition taberna kritika
Neuerscheinungen 2015/16

Rainer Hoffmann
Abduktionen, Aberrationen II
ISBN 978-3-905846-39-3

Norbert W. Schlinkert
Kein Mensch scheint ertrunken
ISBN: 978-3-905846-38-6

Heidi Müller
Unterlassungserklärung
ISBN 978-3-905846-37-9

Elisabeth Wandeler-Deck
Das Heimweh der Meeresschildkröten
ISBN 978-3-905846-36-2

etkobject
Die Loesung
ISBN 978-3-905846-35-5

Hartmut Abendschein
Flarf Disco
ISBN 978-3-905846-34-8

Ausführliche Informationen über unsere Neuerscheinungen und das Gesamtprogramm finden Sie im Internet unter http://www.etkbooks.com
edition taberna kritika
Gutenbergstrasse 47
CH - 3011 Bern
Tel.: +41 (0) 33 534 9 308
info@etkbooks.com | http://www.etkbooks.com